Mes premiers mots de science

DES MOTS DE LA TERRE

COLLECTION CRABTREE « LES JEUNES PLANTES »

Taylor Farley

CRABTREE
PUBLISHING COMPANY
WWW.CRABTREEBOOKS.COM

désert
(DÉ-zèr)

montagne
(MON-tagn)

volcan
(VOL-kan)

canyon
(KA-ny-on)

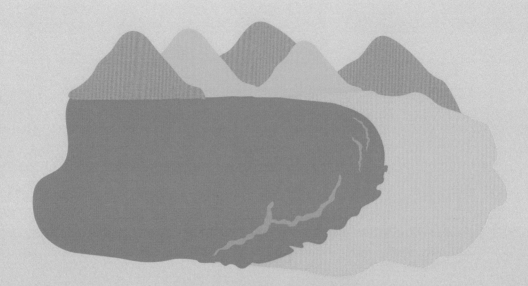

océan
(o-SÉ-an)

île

(IL)

rivière
(RI-vyèr)

forêt
(FO-rè)

lac
(LAK)

prairie
(PRÉ-ri)

Glossaire

canyon (**KA-nyon**) : Un canyon est une vallée profonde et étroite avec des côtés escarpés.

désert (**DÉ-zèr**) : Un désert est un endroit aride où il y a peu ou pas de pluie.

forêt (**FO-rè**) : Une forêt est une vaste étendue couverte d'arbres et de plantes.

île (**IL**) : Une île est une parcelle de terre entourée d'eau.

lac (**LAK**) : Un lac est une grande étendue d'eau entourée de terre.

montagne (**MON-ta-gn**) : Une montagne est une importante élévation de terrain.

océan (o-SÉ-an) : Un océan est une vaste étendue d'eau salée.

prairie (PRÉ-ri) : Une prairie est une vaste étendue de pâturage sans arbres.

rivière (RI-vyèr) : Une rivière est un cours d'eau douce se jetant dans un lac ou l'océan.

volcan (VOL-kan) : Un volcan est une montagne avec une ouverture. Quand il fait éruption, il s'en échappe de la lave, des cendres volcaniques et des gaz.

Soutien de l'école à la maison pour les gardien(ne)s et les enseignant(e)s.

Ce livre aide les enfants à se développer grâce à la pratique de la lecture. Voici quelques exemples de questions pour aider le(a) lecteur(-trice) à développer ses capacités de compréhension. Des suggestions de réponses sont indiquées.

Avant la lecture

- Quel est le sujet de ce livre? Je pense que ce livre parle des différents endroits sur la terre. Sur la couverture, je vois une forêt, un volcan, une île, une rivière et une montagne.
- Qu'est-ce que je veux apprendre sur ce sujet? Je veux en savoir plus sur les différents endroits sur la terre. À quoi ressemblent-ils?

Durant la lecture

- Je me demande pourquoi... Je me demande pourquoi le désert a de gros rochers de différentes formes. Certains sont plats sur le dessus et les côtés. D'autres sont pointus.
- Qu'est-ce que j'ai appris jusqu'à présent? J'ai appris les mots : désert, canyon, océan, lac et prairie. Le canyon semble vraiment profond. La prairie paraît vraiment plate.

Après la lecture

- Nomme quelques détails que tu as retenus. J'ai appris qu'une rivière peut être sinueuse. C'est bien différent d'une rivière droite comme à certains endroits.
- Écris les mots peu familiers et pose des questions pour mieux comprendre leur signification. Je vois que le mot *canyon* est à la page 8 et le mot *prairie* est à la page 20. D'autres mots du vocabulaire se trouvent aux pages 22 et 23.

Crabtree Publishing Company

www.crabtreebooks.com   1–800–387–7650

Version imprimée du livre produite conjointement avec Blue Door Education en 2021.

Contenu produit et publié par Blue Door Publishing LLC dba Blue Door Education, Melbourne Beach Floride É.-U. Copyright Blue Door Publishing LLC. Tous droits réservés. Aucune partie de ce livre ne peut être reproduite ou utilisée sous quelque forme ou par quelque moyen que ce soit, électronique ou mécanique y compris la photocopie, l'enregistrement ou par tout système de stockage et de recherche d'informations sans l'autorisation écrite de l'éditeur

Photographies : Toutes les illustration by aekikuis; page 3 © Shutterstock.com /Angelo Ferraris; couverture et page 5 © Shutterstock.com /Taras Kushnir; couverture et page 7 © Shutterstock.com /Fotos593; page 9 © Shutterstock.com / Galyna Andrushko, page 11 © Shutterstock.com /TouchingPixel; page 13 © Shutterstock.com /Vibrant Image Studio; page 17 © Shutterstock.com /Olga Danylenko, page 15 © Ken Backer | Dreamstime.com, page 19 ©istock.com/ skiserge1, page 21 ©istock.com/ SharonDay

Imprimé au Canada/042021/CPC

Auteur : Taylor Farley
Coordinatrice à la production et technicienne au prepress : Samara Parent
Coordinatrice à l'impression : Katherine Berti
Traduction : Claire Savard

Publié au Canada par Crabtree Publishing
616 Welland Ave.
St. Catharines, ON
L2M 5V6

Publié aux États-Unis par Crabtree Publishing
347 Fifth Ave
Suite 1402-145
New York, NY 10016

Catalogage avant publication de Bibliothèque et Archives Canada

Titre: Des mots de la terre / Taylor Farley.
Autres titres: Earth words. Français.
Noms: Farley, Taylor, auteur.
Description: Mention de collection: Mes premiers mots de science | Collection Crabtree "Les jeunes plantes" | Traduction de : Earth words. | Traduction : Claire Savard. | Comprend un index.
Identifiants: Canadiana (livre imprimé) 20210164921 | Canadiana (livre numérique) 20210164972 | ISBN 9781427136916 (couverture souple) | ISBN 9781427137593 (HTML) | ISBN 9781427150769 (EPUB)
Vedettes-matière: RVM: Terre—Ouvrages pour la jeunesse. | RVM: Sciences de la terre—Terminologie—Ouvrages pour la jeunesse.
Classification: LCC Q8631.4 .F3714 2021 | CDD j525—dc23